ISBN 978-3-8112-3503-8
1. Auflage 2020
© gondolino GmbH, Bindlach 2020
Texte: zusammengestellt und bearbeitet von Svenja Nick
Illustrationen: Marina Krämer
Umschlaggestaltung: Vanessa Braun
Printed in the EU

Der Umwelt zuliebe gedruckt auf chlorfrei gebleichtem Papier.

www.gondolino.de

# Mein allererstes Buch der Tierfabeln

gondolino

# Inhalt

# Der Fuchs und der Storch

Der Fuchs wollte sich einmal einen Spaß machen und lud den Storch zum Essen ein. Aber er servierte ihm nur eine dünne Suppe in einem flachen Teller und der arme Storch mit seinem langen Schnabel konnte nichts davon essen.

Na warte, dachte der Storch und verabschiedete sich mit knurrendem Magen.

Einige Tage später bat der Storch den Fuchs zum Abendessen auf sein Dach. Der Fuchs bedankte sich höflich und war pünktlich zur Stelle. Aber als der Storch das Essen auftrug, da steckte es in einem hohen, engen Krug. Sosehr der Fuchs sich bemühte, er kam mit der Schnauze nicht durch die Öffnung. Der Storch jedoch holte mit seinem langen Schnabel mühelos einen Leckerbissen nach dem anderen heraus.

Da schlich der Fuchs sehr hungrig und beschämt nach Hause und wurde drei Tage nicht gesehen.

*Manche Dinge sind nur witzig, wenn sie anderen passieren.*

# Die Höhle des Löwen

Ein Löwe war zu alt geworden zum Jagen und dachte: „Wenn ich nicht verhungern will, muss ich mir etwas einfallen lassen." Deshalb zog er sich in eine Höhle zurück und tat so, als sei er schwer krank. Schließlich machten sich die anderen Tiere Sorgen. Normalerweise hatten sie zwar Angst vor ihm, aber nun wagte sich ein Tier nach dem anderen in seine Höhle, um ihm einen Besuch abzustatten.
Eines Tages kam auch der Fuchs an der Höhle vorbei. Die Besucher des Löwen hatten vor der Höhle viele Fußspuren hinterlassen. Aber merkwürdig – alle führten in die Höhle hinein, doch keine einzige führte aus der Höhle heraus!
„Willst du nicht näher kommen?", ächzte der Löwe von drinnen. „Mir geht es gar nicht gut!"
„Ein andermal, lieber Löwe", sagte der Fuchs schnell. „Einstweilen gute Besserung!" Und er lief davon.

*Wer sich in die Höhle des Löwen begibt, muss sich nicht wundern, wenn er gefressen wird.*

# Der Fuchs und die Elster

Der Fuchs fragte die Elster, die sehr geschwätzig war: „Was erzählst du da eigentlich den ganzen Tag?"

„Die Wahrheit", rief die Elster. „Denn ich weiß alles und alle sollen es wissen!"

„Tatsächlich!", sagte der Fuchs beeindruckt. „Darf ich um eine Kostprobe bitten?"

Da plusterte die Elster sich wichtig auf, spazierte stolz auf ihrem Ast auf und ab und sagte: „Aber gerne, lieber Fuchs! Du denkst zum Beispiel, dass du vier Füße hast. Völlig falsch, wie ich dir gleich beweisen kann. Deine Füße bewegen sich nämlich nur, wenn du gehst, aber nicht, wenn du stillstehst. Doch das ist noch nicht alles. Wann immer du gehst, bewegt sich auch dein Schwanz und läuft mit. Und daraus folgt: Dein Schwanz ist dein fünfter Fuß!"

Der Fuchs dachte eine Weile darüber nach, konnte sich keinen Reim darauf machen und zog dann kopfschüttelnd davon.

*Wer am meisten redet,*
*weiß oft am wenigsten.*

13

14

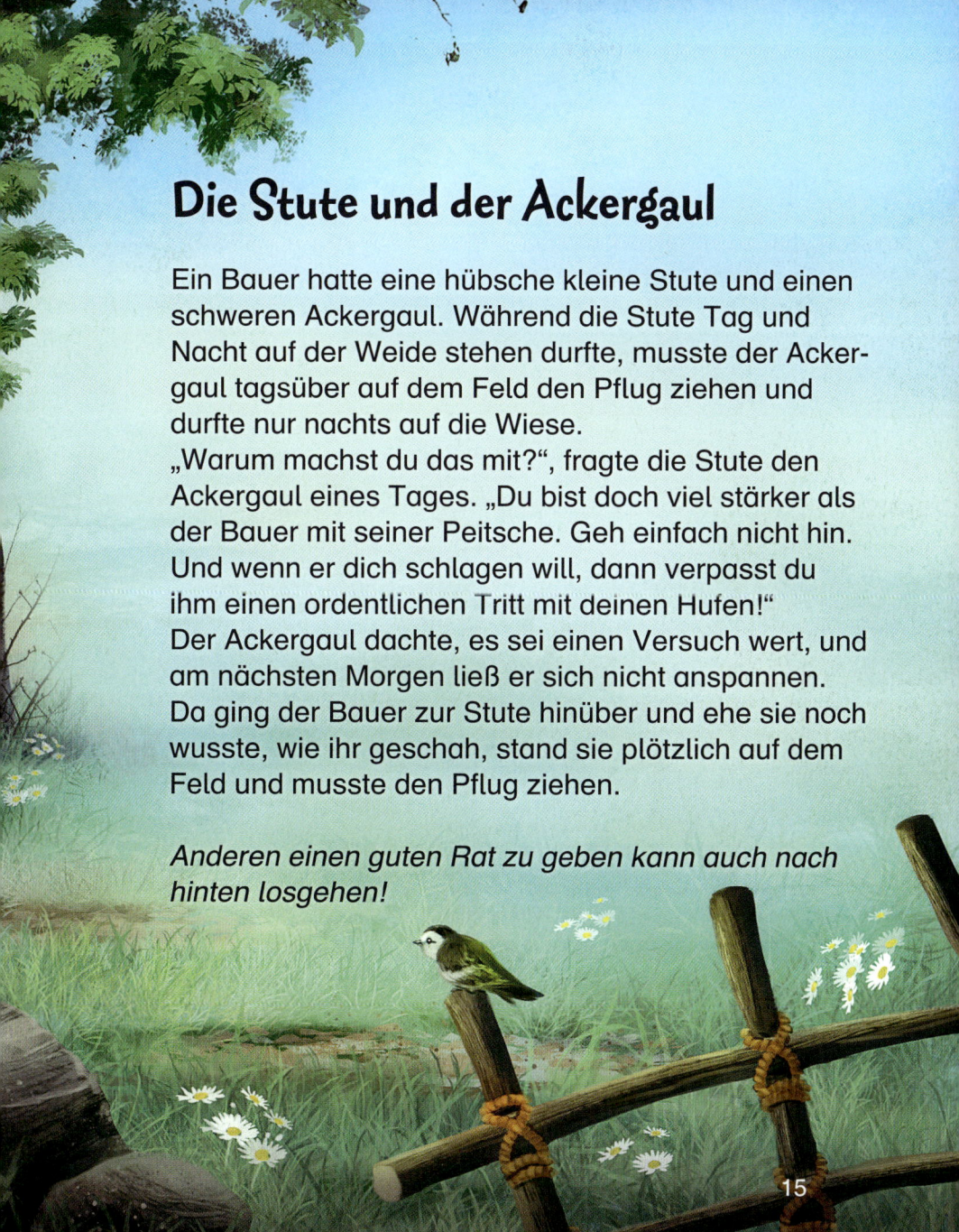

# Die Stute und der Ackergaul

Ein Bauer hatte eine hübsche kleine Stute und einen schweren Ackergaul. Während die Stute Tag und Nacht auf der Weide stehen durfte, musste der Ackergaul tagsüber auf dem Feld den Pflug ziehen und durfte nur nachts auf die Wiese.
„Warum machst du das mit?", fragte die Stute den Ackergaul eines Tages. „Du bist doch viel stärker als der Bauer mit seiner Peitsche. Geh einfach nicht hin. Und wenn er dich schlagen will, dann verpasst du ihm einen ordentlichen Tritt mit deinen Hufen!"
Der Ackergaul dachte, es sei einen Versuch wert, und am nächsten Morgen ließ er sich nicht anspannen.
Da ging der Bauer zur Stute hinüber und ehe sie noch wusste, wie ihr geschah, stand sie plötzlich auf dem Feld und musste den Pflug ziehen.

*Anderen einen guten Rat zu geben kann auch nach hinten losgehen!*

# Die Grille und die Ameise

Die Grille hatte den ganzen Sommer über Musik gemacht. Aber sie hatte nicht für den Winter vorgesorgt und als es kalt und nass wurde, hatte sie nichts mehr zu essen.

„Ach, liebe Nachbarin", sagte sie zur Ameise. „Ich habe Angst um mein Leben. Kannst du mir nicht ein paar Körner leihen? Im Frühling werde ich es dir doppelt zurückzahlen."

Die Ameise hatte den ganzen Sommer über geschuftet und einen großen Vorrat angelegt. Aber sie war geizig. Deshalb fragte sie die Grille: „Wie hast du denn den Sommer verbracht?"

„Ich habe Tag und Nacht auf meiner Geige gespielt!", sagte die Grille stolz.

„Ach ja?", sagte die Ameise. „Du hast Musik gemacht? Dann kannst du ja jetzt tanzen!"

*Wer bei Sonnenschein immer nur lustig ist, hat bei Regen nichts zu lachen.*

# Der Wolf und der Storch

Der Wolf hatte ein Schaf gerissen. Als er es nun gierig verschlang, blieb ihm ein Knochen im Hals stecken und er bekam keine Luft mehr. Zum Glück kam gerade ein Storch vorbei.

„Lieber Storch", röchelte der Wolf. „Hilf mir doch, ich werde dich auch reich belohnen!"

Der Storch wusste natürlich, dass der Wolf ihn fressen konnte, aber er war sehr gutmütig und wollte ihm die Bitte nicht abschlagen. Also steckte er seinen langen Schnabel in den Schlund des Wolfes und zog den Knochen heraus. Dann fragte er nach seiner Belohnung.

„Wie bitte?", knurrte der Wolf zornig. „Eine Belohnung willst du auch noch? Du solltest lieber froh sein, dass ich dir nicht den Kopf abgebissen habe!"

*Ein Versprechen, das in der Not gegeben wurde, ist nichts wert.*

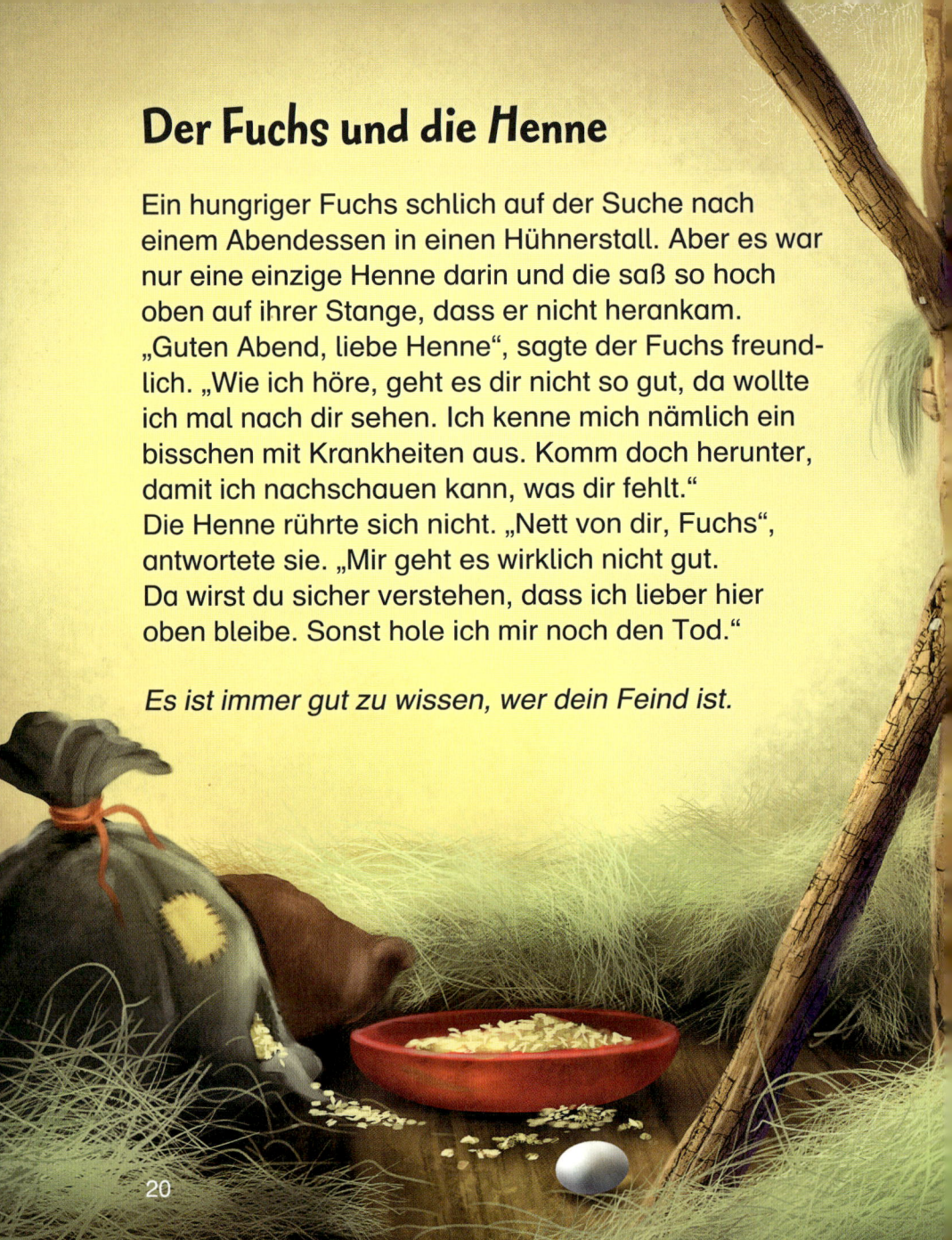

# Der Fuchs und die Henne

Ein hungriger Fuchs schlich auf der Suche nach einem Abendessen in einen Hühnerstall. Aber es war nur eine einzige Henne darin und die saß so hoch oben auf ihrer Stange, dass er nicht herankam.
„Guten Abend, liebe Henne", sagte der Fuchs freundlich. „Wie ich höre, geht es dir nicht so gut, da wollte ich mal nach dir sehen. Ich kenne mich nämlich ein bisschen mit Krankheiten aus. Komm doch herunter, damit ich nachschauen kann, was dir fehlt."
Die Henne rührte sich nicht. „Nett von dir, Fuchs", antwortete sie. „Mir geht es wirklich nicht gut.
Da wirst du sicher verstehen, dass ich lieber hier oben bleibe. Sonst hole ich mir noch den Tod."

*Es ist immer gut zu wissen, wer dein Feind ist.*

# Die beiden Hirsche

Zwei Hirsche trafen sich im Wald: Der eine war schon alt und grau, der andere war noch ganz jung.
Der alte Hirsch sagte zu dem jungen: „Früher ist der Mensch noch nicht mit dem Gewehr durch den Wald geschlichen, um Hirsche zu erschießen."
„Wirklich?", fragte der junge Hirsch ungläubig. „Dann ging es uns Hirschen also früher viel besser?"
„Nein, nur anders", antwortete der alte Hirsch. „Das Gewehr war zwar noch nicht erfunden, aber dafür haben die Menschen mit Pfeil und Bogen auf uns geschossen. Das Leben im Wald war genauso gefährlich für uns wie heute."

*Was früher anders war, muss deswegen nicht besser gewesen sein.*

# Warum das Schwein weinte

Ein Schwein saß in seinem Koben auf dem Bauernhof und weinte bitterlich. „Warum weinst du?", fragte der kleine Esel mitleidig.

„Ach", schluchzte das Schwein, „ständig muss ich mit anhören, wie sich die Menschen mit meinem Namen beschimpfen. Die Magd sagt zum Knecht: ‚Du hast mich belogen, du Schwein!' Der Bauer sagt zur Bäuerin: ‚Dieser Händler ist ein Schwein, er hat uns betrogen.' Und die Bäuerin sagt zur Magd: ‚Die Küche sieht aus wie ein Schweinestall.' – Würdest du da nicht auch weinen?'

„Tja", sagte der kleine Esel, „das ist ja wirklich eine Schweinerei."

*Wer den Schaden hat, braucht für den Spott nicht zu sorgen.*

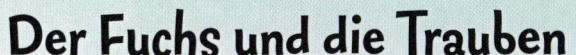

# Der Fuchs und die Trauben

Ein hungriger Fuchs lief durch einen Weinberg und suchte nach Futter. Die Trauben waren schon reif und hingen schwer und süß an den Rebstöcken. Er begann eifrig nach ihnen zu springen und zu schnappen, aber sie hingen so hoch, dass er beim besten Willen nicht herankam. Schließlich gab er es völlig erschöpft auf und schimpfte: „Trauben sind sowieso nur etwas für Hungerleider! Außerdem sind sie bestimmt sauer. Ich will sie gar nicht haben!" Und damit trollte er sich.

*Manche machen eine Sache bloß schlecht, weil sie sie selber nicht haben können.*

# Die Frösche in der Milch

Zwei Frösche hüpften einmal in ein Bauernhaus und fanden dort einen Topf mit frischer, fetter Milch. Sie überlegten nicht lange, sprangen mitten hinein und tranken, bis sie dicke Bäuche hatten. Aber als sie satt waren, stellten sie fest, dass sie nicht mehr hinauskamen, denn der Rand des Topfes war zu hoch. Sie paddelten und strampelten, aber es half alles nichts. Allmählich ließen ihre Kräfte nach und schließlich sagte der eine Frosch zum anderen: „Adieu, mein Freund, es ist aus mit uns! Es hat keinen Sinn mehr, sich weiter abzustrampeln!" Und damit hörte er auf zu paddeln und ertrank.

Aber der andere Frosch wollte sich nicht damit abfinden und schwamm weiter. Er strampelte die ganze Nacht hindurch. Er strampelte so sehr, dass die Milch erst zu Sahne und dann zu Butter wurde.

Hopp, sprang der Frosch aus dem Milchtopf und hüpfte davon.

*Manchmal lohnt es sich, nicht zu früh aufzugeben!*

# Der Schneider und der Elefant

Ein Elefant kam auf dem Weg zur Tränke am Haus eines Schneiders vorbei. Der saß vor der Tür und hatte neben sich eine Schale mit Äpfeln stehen. Der Elefant streckte seinen Rüssel aus und holte sich erst einen, dann noch einen, dann noch einen. Schließlich wurde es dem Schneider zu viel und er stach den Elefanten erbost mit seiner Nadel in den Rüssel. „Pffft!", machte der Elefant und ging weiter zur Tränke. Er trank, bis sein Durst gestillt war, und nahm noch einen Rüssel voll Wasser mit. Als er am Haus des Schneiders vorbeikam, streckte er wieder seinen Rüssel aus – und blies dem Schneider das Wasser mitten ins Gesicht.

*Überleg dir gut, mit wem du dich anlegst!*

# Der Rabe und der Fuchs

Ein Rabe saß auf einem Baum und hielt einen großen Käse im Schnabel. Da kam ein Fuchs vorbei. Er war hungrig und überlegte, wie er wohl an den Käse kommen konnte. Schließlich sagte er zum Raben: „Herr von Rabe, guten Tag! Was tragt Ihr doch für einen prächtigen und edlen Frack! Ihr seid der schönste Vogel im ganzen Wald! Und ist es wahr, dass Euer Gesang ebenso glänzt wie Euer Gefieder?"
Ach, das hörte der Rabe aber gern! Er reckte stolz die Brust, riss den Schnabel auf, um etwas von seinem Gesang zum Besten zu geben – und der Käse fiel auf den Boden, dem Fuchs genau vor die Füße. Der schnappte ihn sich und flitzte lachend davon.

*Nimm dich vor denen in Acht,*
*die dir schmeicheln!*

# Der Löwe und die Mücke

Eine übermütige Mücke forderte einen Löwen zum Zweikampf heraus.

„Vor dir habe ich keine Angst!", rief sie. „Du glaubst, du bist stärker als ich! Aber ich nehme es selbst mit einem Löwen auf! Schau her!" Und sie flog dem Löwen geradewegs in die Nase und stach ihn dort so heftig, dass der Löwe vor Schmerz brüllte und sich sofort für besiegt erklärte.

Triumphierend flog die Mücke davon und verkündete aller Welt ihren großen Sieg.

Leider übersah sie dabei ein Spinnennetz. „Ach", dachte sie, als sie die Spinne auf sich zukommen sah, „da besiege ich einen riesigen Löwen und werde nun von einer kleinen Spinne gefressen!"

*Hochmut kommt vor dem Fall.*

# Der Löwe und der Bulle

Ein Löwe sah einen Bullen auf der Weide stehen.
Er hätte ihn gerne gefressen, aber er hatte Angst vor
den großen Hörnern. Deshalb überlegte er sich eine
List. Er ging zu ihm hinüber und sagte: „Du bist
wirklich ein ganzer Kerl, Bulle! So breite Schultern!
So kräftige Beine! Und diese Muskeln! Nur die
Hörner – also, ich hoffe, du nimmst mir diese Be-
merkung nicht übel – also die Hörner stehen dir
gar nicht!"
„Ach, wirklich?", fragte der Bulle überrascht. Darüber
hatte er noch niemals nachgedacht. Aber als der
Löwe wieder verschwunden war, kam er ins Grübeln.
Schließlich rannte er so lange mit seinem Kopf gegen
einen Felsen an, bis beide Hörner abgebrochen
waren. Darauf hatte der Löwe nur gewartet. „Hab ich
dich!", rief er und sprang aus dem Gebüsch. „Jetzt
hast du die einzigen Waffen beseitigt, vor denen ich
Angst hatte."

*Dem Rat eines Feindes zu folgen ist keine gute Idee.*

# Der Wolf und das Zicklein

Ein Zicklein stand oben auf einem Strohdach und knabberte am Stroh. Da sah es einen Wolf daherkommen, der nach Futter suchte.

„He, Wolf!", rief es übermütig. „Warum siehst du denn so geknickt aus? Hast du heute etwa noch nichts zwischen die Zähne gekriegt? Oder sind sie dir schon alle ausgefallen? Frag doch mal die alte Katze, ob sie dir etwas von ihrer Milch abgibt!"

„Mir scheint", sagte der Wolf ruhig und sah zu dem Zicklein hinauf, „dein Kopf ist ebenso leer wie mein Bauch. Da oben vom Dach aus kannst du mich jetzt verspotten! Aber beim nächsten Mal treffen wir uns hier unten – und ich bin gespannt, was du dann sagst!"

*Wenn man in Sicherheit ist, kann man leicht mutig sein!*

# Der Hahn, die Katze und das Mäuschen

Ein kleines Mäuschen, das noch nichts von der Welt gesehen hatte, kam eines Tages ganz aufgeregt nach Hause und erzählte seiner Mutter von seinem Abenteuer. „Stell dir vor, ich bin auf den Hof hinausgelaufen und da habe ich plötzlich zwei seltsame Tiere gesehen. Das eine war sanft und still und hatte ein samtweiches Fell wie wir, aber das andere flatterte wild herum und machte einen schrecklichen Lärm. Es trug einen roten Helm und hatte hinten einen buschigen Federschwanz. Ich habe solche Angst vor ihm bekommen, dass ich schnell weggerannt bin. Dabei hätte ich doch so gerne das andere Tier kennengelernt! Bestimmt wären wir gute Freunde geworden!"

„Ach, Kind", sagte Mutter Maus. „Von dem Hahn hast du nichts zu befürchten – aber die Katze, die hätte dich gefressen!"

*Wer andere nur nach dem Äußeren beurteilt, kann sich gewaltig irren.*

41

# Das Pferd und der Esel

Ein Bauer trieb ein Pferd und einen Esel zum Markt, beide waren schwer beladen. Nach einer Weile schwanden dem Esel die Kräfte und er sagte zum Pferd: „Du bist größer und stärker als ich und doch trägst du nicht mehr; bitte nimm mir einen Teil der Last ab, ich schaff es nicht."

Aber das Pferd schlug ihm die Bitte hartherzig ab und sagte, sein eigener Teil sei schon schwer genug. Keuchend schleppte der Esel sich weiter, bis er schließlich zusammenbrach und starb. Da nahm der Bauer die ganze Last des Esels und packte sie dem Pferd auf.

„Ich Dummkopf", dachte das Pferd, das nun richtig schwer zu tragen hatte. „Wenn ich ihm nur ein bisschen von seiner Last abgenommen hätte, dann wäre uns beiden geholfen gewesen."

*Frühzeitige Hilfe kostet weniger und hilft mehr!*

# Der Löwe und die Maus

Eine Maus huschte über einen schlafenden Löwen hinweg, aber er erwachte und packte sie mit seiner Tatze. „Lieber Löwe", bat das Mäuschen, „tu mir nichts, ich wollte dich nicht wecken. Ich werde dir ewig dankbar sein."
„Wie kann eine Maus mir wohl ihren Dank zeigen?", dachte der Löwe belustigt. Aber er war großmütig und ließ sie laufen.
Einige Zeit später hörte das Mäuschen im Wald ein großes Gebrüll. Es lief neugierig hin und fand den Löwen, der in einem Netz gefangen war. „Siehst du", sagte es zum Löwen. „Jetzt kann ich dir deine gute Tat vergelten." Schnell biss es ein paar Knoten durch und der Löwe konnte sich befreien.

*Auch jemand, der klein und schwach ist, kann eine große Hilfe sein.*

# Der Fuchs im Versteck

Ein Fuchs wurde von Jägern verfolgt und kam völlig erschöpft an eine Holzfällerhütte.

„Bitte versteck mich!", bat er den Holzfäller. „Sonst zerreißen mich die Hunde!"

Der Holzfäller hatte Mitleid mit ihm und bot dem Fuchs Unterschlupf in seiner Hütte.

Schon kamen die Jäger vorbei und fragten ihn, ob er vielleicht einen Fuchs gesehen hatte.

„Nein", sagte der Holzfäller. Doch plötzlich dachte er, dass die Jäger ihn vielleicht belohnen würden, wenn er ihnen den Fuchs auslieferte. Deshalb zeigte er mit der Hand auf seine Hütte. Die Jäger verstanden das Zeichen aber nicht und zogen weiter.

Als sie weg waren, schlich der Fuchs ohne ein Wort davon.

„Wie?", rief der Holzfäller ihm nach. „Kein Wort des Dankes?"

„Ich hätte dir gedankt", sagte der Fuchs, „wenn deine Hand nicht eine ganz andere Sprache gesprochen hätte als deine Zunge."

*Was du tust, ist wichtiger als das, was du sagst.*

# Die Ente, die den Mond fangen wollte

Eine Ente hatte den ganzen Tag keinen Fisch gefangen und war sehr hungrig. Als abends der Mond aufging und sich im Wasser spiegelte, hielt sie ihn für einen silbrigen Fisch und tauchte danach.
„Guck dir die dumme Ente an!", spotteten die anderen Enten. „Sie versucht, den Mond zu fangen!"
Da schämte sich die Ente sehr. Vor lauter Angst, dass die anderen Enten sich wieder über sie lustig machen würden, wagte sie es nun gar nicht mehr, nach Futter zu tauchen. Und so wurde sie jeden Tag schwächer und starb bald darauf vor Hunger, obwohl der ganze See voller Fische war.

*Wer zu viel auf die Meinung der anderen gibt, schadet sich selbst.*

49

# Der aufgeblasene Frosch

Ein Frosch bewunderte einen großen, kräftigen Ochsen auf der Wiese. „Wenn ich mich aufblase", dachte er, „dann sehe ich doch bestimmt genauso aus wie der Ochse." Er blies sich also auf, so stark er konnte, und fragte die anderen Frösche: „Bin ich schon so groß wie der Ochse?"

„Nein", quakten die anderen Frösche.

Der Frosch blies sich noch ein bisschen mehr auf. „Jetzt?"

„Nein", antworteten die anderen Frösche.

„Viel kann aber nicht mehr fehlen", dachte der Frosch. Mit letzter Kraft blies er sich noch ein bisschen mehr auf – und zerplatzte.

*Größer scheinen zu wollen, als man ist, kann gefährlich werden.*

# Der Hahn und der Fuchs

Ein Hahn saß wachsam auf einem Baum, da kam ein Fuchs heran. „Bruder", sagte er zum Hahn, „ich habe eine gute Nachricht für dich: Von heute an leben wir in Frieden miteinander! Komm nur schnell von deinem Baum herunter, damit wir uns den Bruderkuss geben können."

„Das", sagte der Hahn, der nicht auf den Kopf gefallen war, „ist die beste Nachricht, die ich seit Langem gehört habe. Da drüben sehe ich übrigens zwei Hunde herankommen, bestimmt haben sie auch so eine frohe Botschaft für uns. Warte doch noch einen Moment, dann können wir uns alle zusammen in den Armen liegen!"

„Ach", sagte der Fuchs, „mir fällt gerade ein, dass ich noch etwas Dringendes zu erledigen habe. Auf Wiedersehen, mein Freund – wir sprechen ein andermal!" Damit rannte er davon, so schnell er konnte. Und der Hahn auf seinem Ast kicherte vergnügt in sich hinein.

*Einen Betrüger zu betrügen macht doppelt Spaß.*

# Die beiden Ziegen

Zwei Ziegen begegneten einander auf einem schmalen Brett, das über einen reißenden Fluss führte, und kamen nicht aneinander vorbei.

„Aus dem Weg!", rief die eine Ziege. „Ich war zuerst hier."

„Nein, ich!", erwiderte die andere Ziege. „Zurück mit dir!"

„Fällt mir nicht ein!", rief wieder die erste Ziege. „Ich bin stärker als du."

„Das werden wir ja sehen!", meckerte die zweite Ziege. Und schon senkten sie die Köpfe und gingen aufeinander los. Dabei verloren sie das Gleichgewicht und so stürzten sie beide in den reißenden Fluss und ertranken.

*Der Klügere gibt nach.*

# Der Frosch und die Maus

Eine Maus wollte einen Fluss überqueren. Aber sie
wusste nicht wie und fragte einen Frosch um Rat.
Der Frosch war ein Halunke und sagte zur Maus:
„Das ist ganz einfach. Binde deinen Fuß an meinen,
dann ziehe ich dich ans andere Ufer."
Die Maus war einverstanden. Aber als sie im Wasser
waren, tauchte der Frosch unter und die Maus bekam
keine Luft mehr. Die Maus wehrte sich und die beiden
kämpften heftig.
Da kam ein Reiher angeflogen. Er packte die Maus,
um sie zu fressen. Aber der Frosch hing auch noch
mit dran und so fraß er sie alle beide.

*Wenn zwei sich streiten, freut sich der Dritte.*

# Der Fuchs, der Wolf und das Pferd

Ein junger Fuchs sah zum ersten Mal in seinem Leben ein Pferd auf einer Wiese stehen. Er sagte zu einem Wolf, der ebenso unerfahren war wie er selbst: „Ich habe ein seltsames Tier auf der Wiese gesehen. Komm mit – vielleicht ist es leichte Beute."
Als das Pferd die beiden erblickte, war es alles andere als erfreut.
„Guten Tag", sagte der Fuchs zum Pferd. „Wir wüssten zu gern, was für ein Tier du bist."
„Ihr könnt es unter meinem Huf lesen!", antwortete das Pferd. „Kommt nur näher!"
Der Fuchs entschuldigte sich gleich: „Oh, ich kann leider gar nicht lesen. Aber der Wolf hier, der ist schlau und weiß, wie man das macht."
Geschmeichelt trat der Wolf näher; im nächsten Moment traf ihn jedoch ein kräftiger Hufschlag am Kinn und er landete auf der Erde.

*Vertraue niemals einem, den du nicht kennst.*

# Der Fuchs und der Ziegenbock

Ein Fuchs war beim Trinken in einen Brunnen gefallen und überlegte, wie er wieder herauskommen sollte. Da kam ein Ziegenbock vorbei und fragte neugierig: „Was machst du denn da unten, Fuchs?" „Hier unten gibt es das beste Wasser, dass du je getrunken hast!", schwärmte der Fuchs. „Komm runter und probier es!" Der Ziegenbock überlegte nicht lange und sprang in den Brunnen.
Als er getrunken hatte, fragte er den Fuchs, wie sie wieder herauskämen.
„Kein Problem", sagte der Fuchs. „Du stemmst die Vorderbeine gegen die Brunnenwand, ich klettere an dir hinauf und ziehe dich von oben rauf."
Gesagt, getan. Aber kaum war der Fuchs auf den Brunnenrand gesprungen, da rief er dem Ziegenbock zu: „Sieh zu, wie du selber wieder herauskommst! Das hättest du dir vorher überlegen sollen." Und lachend rannte er davon.

*Erst denken, dann handeln!*

# Der Rat der Ratten

Ein Kater war ein so guter Jäger und hatte schon so
viele Ratten gefangen, dass die Ratten in ihrer Not
eine Versammlung einberiefen, um zu beraten, was
zu tun war. Die Versammlung dauerte lange, denn
jeder hatte einen Vorschlag, aber schließlich sagte
die älteste und klügste der Ratten: „Ich weiß eine
Lösung: Wir hängen der Katze ein Glöckchen um!
Dann hören wir sie, sobald sie sich nähert, und
können fliehen." Alle stimmten begeistert zu.
Aber wer sollte der Katze das Glöckchen umhängen?
Und wie?
„Ich bin doch nicht blöd", sagten die einen. „Ich kann
das nicht", sagten die anderen. „Ich bin dafür zu alt",
sagte der Dritte. Jeder hatte eine andere Entschuldi-
gung. Und so jagte der Kater weiter die Ratten, bis
keine mehr übrig war.

*Viele lieben es zu reden, aber nur wenige wollen
auch etwas tun.*

# Die Krähe und der Krug

Eine durstige Krähe suchte nach etwas zu trinken und fand schließlich einen Krug voll Wasser. Sie steckte den Schnabel hinein, aber das Wasser war zu tief unten im Krug, sie konnte es nicht erreichen. Was nun? Die Krähe dachte nach. Sie konnte den Krug nicht umstoßen, er war zu schwer. Sie konnte ihn nicht zerschlagen, er war zu hart. Schließlich hatte sie eine Idee. Sie pickte vom Boden lauter kleine Kieselsteine auf und ließ sie in den Krug fallen. Nach einer Weile war der Krug zur Hälfte mit Steinen gefüllt. Dadurch stand das Wasser nun so hoch im Krug, dass die Krähe mühelos herankam und genüsslich trinken konnte.

*Not macht erfinderisch.*

# Der Hirtenjunge und der Wolf

Ein Junge, der den ganzen Tag die Schafe auf der Weide hütete, langweilte sich einmal so sehr, dass er sich einen Streich überlegte.

„Ein Wolf, ein Wolf!", schrie er, so laut er konnte. „Helft mir!"

Da packten alle Männer im Dorf ihre Mistgabeln und kamen auf die Weide gerannt. Aber kein Wolf war zu sehen. Der Hirtenjunge lachte Tränen, als er ihre verblüfften Gesichter sah. Verärgert zogen die Männer wieder ab. Aber dem Jungen hatte sein Streich so gut gefallen, dass er ihn einige Zeit später noch einmal wiederholte. Wieder kamen die Männer umsonst angerannt.

Schließlich, eines Abends im Herbst, kam wirklich ein Wolf und griff die Herde an.

„Ein Wolf, ein Wolf!", schrie der Hirtenjunge in höchster Not. Aber die Männer im Dorf glaubten, er wolle sie wieder veräppeln, und rührten sich nicht. Der Wolf griff die Herde an und tötete ein Lamm.

*Wer einmal lügt, dem glaubt man nicht,*
*und wenn er auch die Wahrheit spricht.*

# Der Löwenanteil

Ein Löwe, ein Fuchs und ein Esel gingen einmal gemeinsam auf die Jagd und machten reiche Beute. Der Löwe bat den Esel, die Beute zu teilen, und der Esel teilte sie gewissenhaft in drei gleich große Teile. „Das ist nicht gerecht!", sagte der Löwe. „Ich bin der König und mir steht der größte Anteil zu!" Und damit stürzte er sich auf den Esel und riss ihn in Stücke. „Nun teile du!", forderte er den Fuchs auf. Der Fuchs legte die ganze Beute auf einen Haufen und behielt nur einen einzigen Hasen für sich.
Der Löwe betrachtete den Fuchs zufrieden und fragte: „Wer hat dir beigebracht, so gerecht zu teilen?"
„Der Esel", antwortete der Fuchs.

*Was Gerechtigkeit ist,*
*bestimmt immer der Stärkere.*

70

# Wer holt die Kastanien aus dem Feuer?

Ein Affe und ein Kater, die als Haustiere bei einem reichen Mann lebten, saßen einmal vor einem Kaminfeuer, in dem leckere Kastanien brutzelten. Dem Affen lief das Wasser im Mund zusammen – aber wie sollte er die Kastanien aus dem Feuer holen, ohne sich die Pfoten zu verbrennen?

„Kater", sagte er zu seinem Hausgenossen, „ich bin nicht halb so geschickt wie du. Aber wenn du die Kastanien aus dem Feuer holst, tust du mir einen großen Gefallen."

Der Kater machte sich sogleich daran, mit den Tatzen nach den Kastanien zu angeln. Autsch! Das tat weh! Aber da flog schon die erste Kastanie auf den Teppich und der Affe fraß sie gleich auf. Er fraß auch die zweite und die dritte Kastanie, die angeflogen kamen. Aber dann kam die Magd ins Zimmer und verscheuchte die beiden vom Feuer. Und der Kater hatte nichts als verbrannte Pfoten.

*Für andere die Kastanien aus dem Feuer zu holen lohnt sich nicht.*

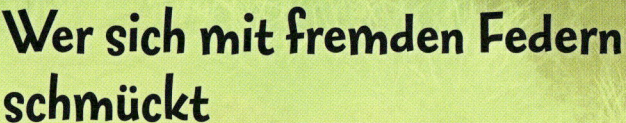

# Wer sich mit fremden Federn schmückt

Eine Krähe sammelte ein paar bunte Pfauenfedern vom Boden auf und schmückte sich mit ihnen. Dann mischte sie sich unter die Pfauen und stolzierte damit herum. Aber die Pfauen sahen sofort, dass sie eine Krähe vor sich hatten, zupften ihr die bunten Federn aus und riefen: „Her damit, das gehört dir nicht!" Als sie die schwarz glänzenden Federn der Krähe sahen, riefen sie: „Die gehören dir sicher auch nicht!" Und so rissen sie ihr auch noch die eigenen Federn aus.

*Mit etwas anzugeben, das einem nicht gehört, kann übel ausgehen.*

# Der Wolf als Schäfer

Ein Wolf, dem das Jagen zu anstrengend geworden war, überlegte sich einen Trick, wie er auf einfache Art an die Lämmer kommen konnte. Er verkleidete sich also als Schafhirte, und als der echte Hirte und sein Hütehund gerade ein kleines Mittagsschläfchen machten, ging er zur Schafherde hinüber. Um ein paar Schafe von der Herde wegzutreiben, begann der Wolf nun, wie der Hirte zu rufen; da er aber ein Wolf war, klang es wie Wolfsgeheul. Davon erwachten der echte Hirte und sein Hund und die Schafe stoben ängstlich auseinander – und der Wolf musste zusehen, dass er wegkam.

*Ein Wolf bleibt immer ein Wolf, egal in welcher Verkleidung!*

# Kinderklassiker

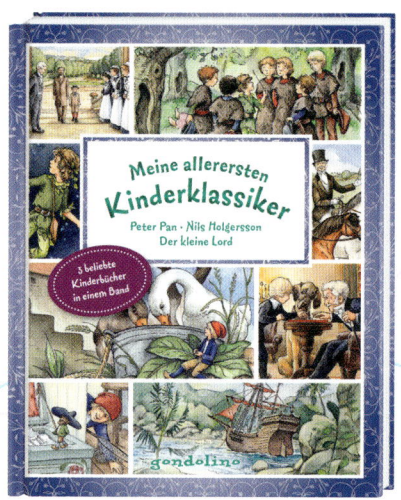

## Meine allerersten Kinderklassiker
### Peter Pan · Nils Holgersson · Der kleine Lord

ISBN 978-3-8112-3471-0, 80 Seiten
€ 5,00 (D) / € 5,20 (A)

Wer kennt sie nicht: den Jungen, der nicht erwachsen werden will, den Däumling auf abenteuerlicher Reise mit den Wildgänsen und den Jungen, der das Herz seines adeligen Großvaters gewinnt? Drei der beliebtesten Kinderklassiker in einem Band, kurz und kindgerecht erzählt.

- Ideal zum Vorlesen
- Viele liebevolle Illustrationen
- Für Kinder schon ab 4 Jahren

gondolino